COSACNAIFY

coleção MODA BRASILEIRA

LENNY NIEMEYER

LENNY É UMA DIVA ALEXANDRA FARAH

Quem veste, sabe. Ao usar uma peça Lenny, simples mulheres se transformam imediatamente em divas. Jornalistas e consumidoras sentem na passarela e na pele a magia de seus *looks*, principalmente a de um maiô. O segredo é a qualidade do corte, da costura e a atmosfera de *glamour* que supera qualquer técnica.

Santista, formada em artes plásticas, trabalhava com paisagismo em São Paulo. Mudou-se para o Rio de Janeiro em 1979, quando se casou com o neurocirurgião Paulo Niemeyer Filho. Suas amigas lhe pediam para trazer do Rio biquínis com espírito carioca, menos caretas que os paulistanos, mas sem serem vulgares. Biquíni chique e carioca? Na falta, Lenny esticou a *lycra*, alugou máquinas de costura e, no prédio onde morava, fez suas primeiras peças. Mal sabia ela — e as amigas pidonas — que surgia ali uma nova moda praia, uma sofisticada revolução na areia. Lenny inovou no Rio de Janeiro. Criou um estilo menos cocota. Deu às cariocas (ao Brasil e ao mundo todo, ela exporta para mais de vinte países) a chance de serem menos gatinhas e mais mulheres. Antes dela, a moda praia carioca era voltada para garotas de microbiquínis, muitos lacinhos, bolinhas, âncoras, peixes... e cores fofas, como rosa e azul-celeste. Lenny introduziu tons que não eram comuns na época nas areias cariocas, entre eles, bronze, marrom, verde-escuro, e deu às mulheres a oportunidade de terem um belo biquíni. Bem-acabado. Uma moda praia no nível da alta-costura.

Seus desfiles refletem o que ela faz e é. O espetáculo desliza com Carolina Ferraz, sua primeira modelo e hoje melhor amiga. A cada lançamento de verão 1.500 pessoas lotam a platéia. Todos estão ali para ver as modelos mais bonitas, com corpaços cheios de curvas definidas, com a pele mais perfeitamente bronzeada e brilhante que uma passarela já viu. Lenny não é modismo, é atitude e classe. Ela adorna maiôs, biquínis e saídas de praia com acessórios dramáticos: echarpes, chapelões, muitas pulseiras pesadas e colares de pedrarias. Sua moda pode ser taxada de muitos adjetivos, mas nunca considerada brega. Às vezes, por puro preciosismo, num descuido mínimo, flerta com a peruíce.

Lenny faz um trabalho milimétrico de construção e acabamento. Seus "simples" maiôs e biquínis têm recortes elaborados. Cada drapeado — e ela gosta de vários! — tem uma razão para estar ali. A modelagem valoriza com cuidado o que as mulheres têm de melhor.

Recortes pontuais dão uma força extra para ajudar, ainda, a disfarçar o que não se quer mostrar. Há fãs históricas dos biquínis com sutiã tomara-que-caia, firme e bem recortado. Se adornado com argolas e metais, melhor ainda! Nenhuma peça, porém, define mais sua atitude que o maiô. "Maiô para esconder o corpo não existe mais. Hoje, mais ousado, permite fazer recortes diferentes, drapeados, e dá uma proporção melhor ao corpo. A mulher fica linda", diz ela.

Lenny dorme tarde, acorda cedo e trabalha duro. Tem muitos amigos mundo afora. Suas festas são famosas. Foi por intermédio de um de seus conhecidos, o editor de moda Michael Roberts, que um maiô seu foi parar numa seção de fotos da revista *Vanity Fair*, para ser usado por Nicole Kidman. Branco, o modelo deixa as costas e a cintura nuas, unindo a parte de cima e a de baixo com um belo drapeado na altura do umbigo. Nicole usou e se apaixonou. Os assistentes ligaram para o Rio e encomendaram outros modelos. De diva para diva, em Lenny o *glamour* vira realidade.

ESBOÇO PARA UMA HISTÓRIA DO BIQUÍNI

CAMILA PERLINGEIRO

I. EUROPA: DA TÚNICA AO MAIÔ

Os primeiros relatos médicos sobre os poderes terapêuticos da atmosfera marítima e da água gelada da costa européia datam do século XVII. No entanto, existem relatos mais antigos sobre as casas de banho públicas e o comportamento de homens e mulheres do século XV. Embora não houvesse uma indumentária específica para esse ambiente, sabe-se que, apesar do recato, na Europa renascentista o corpo dos banhistas não era bem protegido pelas túnicas que, depois de molhadas, tornavam-se transparentes. Segundo James Laver,[1] no início do século XIX as mulheres freqüentavam a praia e entravam na água em barcos protegidos por longos toldos, já que precisavam se esconder dos olhares furtivos dos homens que permaneciam na areia. O traje básico era um longo vestido de flanela que lhes cobria do pescoço aos pés. Dentro da água ele flutuava na superfície,

como um balão, permitindo movimentos e brincadeiras, mas sem exposição do corpo.

Foi nesse período que se realizaram os primeiros desfiles de trajes de banho. A autora italiana Feruccia Cappi Bentivegna[2] relata que Cleo Cavalli organizou um desfile do gênero para uma seleta clientela, em 1829, em um hotel sofisticado de Roma. Um dos trajes chamou particularmente a atenção: "Era de tafetá, rígido, porém de cor clara, que consistia em uma túnica com calças. Babados nos pulsos, pescoço e tornozelos garantiam uma parede de proteção para que partes sedutoras do corpo feminino não aparecessem".

As mulheres pouco faziam uso desse tipo de traje. Mesmo nas férias, usavam as roupas de cidade: cores vibrantes, tecidos leves, adornados com luvas, véus e chapéus, pois a pele não poderia ser bronzeada. Uma pele alva era um dos maiores símbolos de *status* do sexo feminino, pois significava uma mulher que não se engajava em trabalhos manuais nem ficava muito tempo ao ar livre.

Na segunda metade do século XIX a moda para trajes de banho pouco havia mudado, e seguia uma fórmula bem rigorosa, sem variações: calças bufantes afuniladas até os tornozelos, cobertas por uma túnica acinturada que chegava até os joelhos. O cabelo era preso, escondido sob um enorme chapéu. Nos pés, sapatilhas

rasteiras com fivelas ou fitas para amarrar cruzadas no tornozelo, como as sapatilhas de bailarina, com pequenos furos para deixar a água passar. Não se andava descalço na areia.

Os modelos variavam pouco de ano para ano. As únicas alterações se davam nos tecidos e em detalhes nos bordados e apliques artesanais. O ano de 1872 foi particularmente importante para esta história. Foi só então que revistas de moda européias apresentaram pela primeira vez o estilo marinheiro, que se tornaria obrigatório nos próximos cinqüenta anos.

Ao passo que o século XIX se encurtava, diminuía também o comprimento das túnicas de banho, que ousadamente cobriam apenas até a altura das coxas; por baixo, continuavam em alta as velhas calças bufantes. É importante notar que esses modelos só serviam para o território da areia, onde as mulheres descansavam em cadeiras com braços, encostos longos e com capotas para protegê-las do sol. As que se aventuravam na água não o faziam sem antes se trocarem nas cabines disponíveis nas praias.

O modelo "aquático" era basicamente igual, mas com um corte um pouco mais minimalista e com tecidos menos rebuscados, com predileção pelas flanelas em tons de azul-marinho, cru ou branco.

O início do século XX trouxe poucas mudanças para a vestimenta dos banhistas. A partir dos anos 1920 a medicina começa a defender mais sistematicamente os benefícios dos banhos de mar — por até três minutos, senão os efeitos da perda de calor do corpo seriam irreparáveis. A exposição ao sol também passa a ser encarada como uma medida saudável. Na Europa esses novos conceitos da relação do corpo com o sol e o mar deflagraram uma revolução nos trajes de banho: cada vez mais a pele conseguia se ver livre dos tecidos.

Do outro lado do Atlântico a história era um pouco diferente. Mais do que valorizar os aspectos terapêuticos do sol e de rápidas imersões nas águas de piscinas e praias, os norte-americanos se notabilizam pela difusão do esporte à beira-mar. A natação ganha importância, inclusive entre as mulheres, e a corrida na praia torna-se hábito dos banhistas, servindo ainda de inspiração para as propagandas de revistas. O estilo de vestir-se também muda, mas a moda não fica mais simples. As mulheres ainda vestem "roupas de praia": robes de seda que pareciam longos xales e vestidos nada vulgares, muito fluidos, de tafetá. Os trajes de banho eram bermudas bufantes afuniladas nas coxas e

minivestidos com a cintura no quadril, como pediam os anos loucos. A palheta de cores era dominada por azul-marinho, vermelho, coral, preto, pêssego, amarelo e branco.

DO MAIÔ AO BIQUÍNI

Os anos 1930 foram menos esfuziantes, mas igualmente elegantes. A cintura volta ao lugar, mas a seda e o tafetá permanecem os tecidos prediletos para os trajes femininos de praia. As revistas de moda já não estampam as bermudas bufantes, os babados, as túnicas pesadas. O traje de banho passa a uma espécie de longo maiô de lã, na altura das coxas, semelhante a um macacão. Alguns traziam um cinto marcando a cintura. O preto, o azul-marinho e o vermelho são as cores predominantes, igualmente presentes em toucas de lã.

O designer francês Louis Réard (1897-1984) foi quem, na década de 1940, mais revolucionou o conceito de moda praia em todo o mundo. Foi dele a criação de um traje de duas peças, mínimo, batizado de biquíni. O nome aludia ao atol de Bikini, no sul do Pacífico, que havia sido palco de testes nucleares naquela mesma época.

O primeiro biquíni da história foi apresentado no Cassino de Paris em 5 de julho de 1946. Depois do susto inicial, Hollywood abraçou rapidamente a chance de colocar suas atrizes mais famosas em trajes minúsculos nas praias — de Cannes à Califórnia. Brigitte Bardot (1934) escandalizava em trajes minúsculos, bem como as irmãs Jackie (1937) e Joan Collins (1933), Bettie Page (1923), Diana Dors (1931-1984), Marilyn Monroe (1926-1962) e Jane Mansfield (1933-1967).

Depois de amplamente explorado nas fotos de publicidade, o biquíni passou a tema de filmes. Annette Funicello (1942) e Frankie Avalon (1939) foram os ícones dos anos 1960 em filmes como *Folias na praia* (1965) e *Como encher um biquíni selvagem* (1965). Os biquínis eram feitos de algodão ou helanca xadrez, florida ou coberta de bolinhas. Os apliques também estavam em alta: era comum ver bordados em *laise* ou o arrastão furadinho, lembrando redes de pescador. A praia era agora um lugar para pessoas jovens.

II. DUAS PEÇAS: O BRASIL E O BIQUÍNI

Ipanema era o *point* da juventude dourada do Rio de Janeiro. No final dos anos 1950 era comum ver nessa praia moças de corpos esguios em biquínis floridos e cabelos longos, embaladas pela bossa nova e pelas pranchas de madeira dos surfistas

Com a década de 1970 consolidou-se no país o movimento *hippie*, marco da liberdade na vida das mulheres. Tudo o que lembrasse a estética aprisionadora dos sutiãs com espuma, armações meia-taça, cintas modeladoras e biquínis com saiotes era substituído por saias longas e fluidas, cabelos compridos soltos ao vento e túnicas indianas. Os biquínis eram cada vez mais diminutos. Os acessórios tinham inspiração tribal, e abusava-se de bordados e apliques com miçangas e canutilhos. O tecido mais usado era o jérsei, de rápida secagem e aderente ao corpo. Homens e mulheres deitavam-se ao sol em esteiras de palha. Nessa época já existia uma larga diferença entre cariocas e paulistanas. Enquanto todas as cariocas eram potenciais garotas de Ipanema, as paulistanas eram mais recatadas, e seus biquínis mais sofisticados. Era comum ver cintos dourados, malhas brilhantes de *lurex*, salto alto e cabelo alisado no cabeleireiro. Mergulhar não era uma opção. Segundo Iesa Rodrigues: "Cair n'água nem pensar. Isso era para aquela gente cabeluda e barbuda de Arembepe, na Bahia, ou do Píer, no Rio. Eles que se exibissem em sungas feitas de amarrações de couro, tangas tão mínimas que não havia depilação que resolvesse — o que se resolvia não depilando absolutamente nada".[3]

A década de 1980 foi um contraponto à antimoda da década de 1970. A *lycra*, criada pela DuPont, já era uma realidade brasileira e as cores cítricas predominavam nas areias. A aeróbica de Jane Fonda (1937) inspirava corpos malhados nas academias, cobertos por roupas colantes. Um dos ícones até hoje gravado no imaginário popular dos que viveram essa época é a tanga de crochê de Fernando Gabeira, na verdade uma sunga improvisada, emprestada por uma prima, para que ele não perdesse um belo dia de sol na praia de Ipanema, onde o pôr-do-sol começava a ser saudado com aplausos.

Nessa época, pequenas confecções dominavam o mercado de moda praia, afinal a matéria-prima era barata e não exigia muito espaço nem maquinário. Entre os principais criadores já atuantes no período estão David Azulay, da Blue Man; Cidinho, da Bumbum Ipanema; e Fernando Stambowsky, da Star Light, que prepararam o terreno para que esse segmento se tornasse a grande indústria de hoje.

O Rio de Janeiro sempre ditou todos os modismos da areia no Brasil. Todos os verões da década de 1980 trouxeram uma surpresa.

A moda de clarear os pêlos de pernas e braços com água oxigenada fez muitas meninas e mulheres passarem o verão com uma pasta branca no corpo; ou, ainda, na ausência da variedade atual de produtos de proteção solar, o uso da pasta d'água colorida por todos os surfistas do Rio, que, por sua vez, copiaram os surfistas californianos. E, na tentativa de deixar o biquíni ainda menor, a adoção do sutiã cortininha, que muitas vezes substituiu a tanga no calor escaldante das praias cariocas.

Foi justamente em meio aos provocantes modelos como o enroladinho nas laterais, o asa-delta, o imbatível fio-dental e o sutiã cortininha que chegou ao Rio uma santista com a difícil missão de achar uma moda praia mais recatada.

PEÇA ÚNICA: LENNY

Recém-casada e morando no Rio de Janeiro, Lenny era uma espécie de "olheira" das amigas paulistanas. Com a cidade ditando os modismos da areia, todas queriam receber, em primeira mão, as novidades de cada estação. Mas Lenny tinha dificuldade de achar modelos que agradassem o sofisticado paladar das paulistanas. Para driblar essa diferença de gosto, muitas vezes ela levava biquínis cariocas para sua costureira em São Paulo, que os reproduzia, usando uma modelagem um pouco maior. Não era só uma questão de tamanho. O maior problema eram as estampas. Havia pouca variedade e todas eram muito literais: cavalos-marinhos, bolinhas, conchinhas, araras, estrelas. Lenny se perguntava por que não era possível usar estampas lindas e marcantes, como aquelas feitas em tecidos planos para roupas. A resposta à pergunta viria mais tarde, quando ela começou a se aventurar em suas primeiras criações: muitas cores encareciam o preço da *lycra*.

Por fim, usando a formação de arquiteta e uma boa dose de criatividade, Lenny "desmontou" um biquíni para aprender mais sobre sua modelagem. Ao fundir em uma só peça características de dois modelos diferentes, conseguiu, por fim, chegar aonde queria. Esse primeiro biquíni foi um divisor de águas.

Ainda sócia de um escritório de paisagismo em São Paulo, Lenny procurou um atacadista de *lycra* em Copacabana, a Rosetti. Quando entrou naquele universo de cores, comprou meio metro de tudo o que viu de interessante. Procurou no jornal uma costureira que modelasse e costurasse, já que não tinha conhecimento técnico, e partiu para os acessórios — argolas de ossos de boi — que buscava em um açougue na rua José Linhares, no Leblon, e depois cerrava, lixava e secava no forno. Mandou a primeira remessa de biquínis para uma amiga em São Paulo, que vendeu tudo rapidamente. Lenny, uma mulher com forte espírito empreendedor, enxergou nesse momento possibilidade de uma nova carreira.

É interessante lembrar que a moda praia, na década de 1980, era considerada menor, "o submundo da moda", como gosta de dizer a empresária. A maioria das grifes da época não se preocupava em criar os próprios modelos de praia nem dispunha de espaço em suas fábricas para desenvolver coleções tão específicas. Lenny aproveitou esse nicho e praticamente dominou o mercado: criava pequenas coleções exclusivas para as melhores marcas do Rio, como Philippe Martin, Krishna, Bee, Richard's, Fiorucci, Andréa Saleto, Company, entre outras. Algumas pessoas não entendiam e diziam que ela não fazia nem moda focada no mercado de exportação nem o biquíni mínimo das cariocas. No final, descobriu-se que muita gente queria cobrir mais alguns centímetros de pele e usar os biquínis desenhados pela estilista.

Com o tempo Lenny passou a criar as próprias estampas, resgatando o período em que trabalhou como arquiteta, desenhava muitas flores e gostava de trabalhar com as combinações de cores. "Naquela época não havia tantos recursos: era um lenço de minha mãe de um lado, a camisa de uma amiga de outro. Uma vez cheguei a parar uma moça na rua. Ela estava vestindo uma camisa com uma estampa linda, acho que eram desenhos de *cashmere*; a roupa era importada, e pedi para ela subir no escritório para que eu pudesse copiar o desenho". O escritório era a pronta-entrega, uma sala de 25 m^2 no oitavo andar do prédio da galeria Fórum de Ipanema.

A partir daí Lenny já tinha uma pequena confecção montada na garagem do apartamento na Lagoa, o que naturalmente não era ideal, pois o movimento de pessoas em sua casa era grande. Uma inundação no local levou à abertura da primeira fábrica, em 1984. "Foi uma loucura. Meu apartamento e a garagem ficavam no andar térreo. Fiquei desesperada, acabei perdendo todos os moldes, os pedidos, as embalagens, as etiquetas, tudo", relembra.

Um de seus fornecedores, uma confecção no Jacaré, bairro da zona norte do Rio, indicou um galpão vazio nas redondezas.

A estrutura ainda era pequena, e o galpão grande demais. "Eram duas máquinas compradas por meio de *leasing*, e uns rolos de *lycra* num canto afastado. E só", conta a estilista. A abertura dessa fábrica foi a motivação para crescer. O objetivo era montar uma estrutura enxuta, porém eficiente, para aumentar a produção, atendendo não só ao mercado nacional, mas também ao externo. Marcas como La Perla contratavam fornecedores brasileiros pela qualidade da *lycra* e pela mão-de-obra barata. Como a modelagem brasileira era muito ousada para as americanas, os modelos chegavam prontos para serem copiados. Para o mercado nacional, a opção foi procurar grandes varejistas, como a extinta Mesbla, que fizessem pedidos muito maiores do que estava acostumada a atender até aquele momento.

As dificuldades eram imensas. O mercado não era profissionalizado e tinha pouca mão-de-obra especializada. A própria Lenny aprendeu com a experiência. "Hoje eu vejo que uma escola fez muita falta. Mas eram tempos diferentes e não havia jeito. Até hoje eu não desenho nada. Eu faço tudo direto no manequim e vou ajeitando no corpo."

Um ano após sua mudança, em 1984, o galpão foi arrombado e as máquinas roubadas. Nesse momento conturbado Lenny pensou em desistir. As máquinas ainda estavam sendo pagas, a economia em recessão por causa dos incessantes planos e das mudanças de moeda, e vários pedidos haviam sido cancelados. Lenny, no entanto, tinha encomendas a entregar. A solução foi recorrer aos amigos, que emprestaram suas máquinas para que ela pudesse atender aos pedidos urgentes, e ao atacadista de tecidos, Eduardo Garcia, que fez as estampas em troca dos tecidos que ela tinha no estoque da fábrica.

Lenny lembra que ficou muito desanimada, pois o cenário econômico e político brasileiro não estimulava ninguém a abrir um negócio, quanto mais a recomeçar. Movida pelo desejo de seguir em frente, ela fez o oposto que se esperava de qualquer empresário na época: aproveitou os rolos de *lycra* que tinha em estoque, criou mais peças, alugou um galpão anexo ao seu e dobrou a área da fábrica. O novo espaço, ampliado, pediu mais máquinas, mais mão-de-obra e mais *lycra*. Com a produção em andamento e poucos clientes, a estilista precisava de uma loja própria para escoar sua produção.

Segundo Lenny, ter uma marca não estava nos planos. Isso significava ser o centro das atenções, o que não combinava com sua personalidade introvertida. Naquela fase da vida, em 1993, ficaria satisfeitíssima em passar o resto de seus dias criando para outros estilistas, mas sentiu que não teria saída. Sem capital de giro nem estratégia de longo prazo, abriu a primeira loja Lenny, no segundo andar da galeria Fórum de Ipanema, templo dos melhores criadores da cidade, onde já estava instalada a pronta-entrega. A moda praia despontava na indústria como um investimento sólido.

Extremamente insegura de sua situação, afinal tinha passado os últimos doze anos desenvolvendo coleções que refletiam a linha de criação de outros designers e de outras marcas, Lenny criou a primeira coleção usando seu *feeling* e gosto pessoal, além de sobra de *lycra* e materiais artesanais. "Eu só conseguia pensar: e se as pessoas tiverem um gosto completamente diferente do meu? Será que vai dar certo?" E aí começou o que ela chama de segunda etapa de seu aprendizado. Como ninguém conhecia a marca Lenny, o perfil de seu consumidor ainda não estava formado. Ouviu elogios e críticas. Envergonhada no início, aprendeu a ouvir todas as sugestões da clientela que se formava e apurou seu olhar de criadora, passou a se inspirar nas tendências nacionais e internacionais. Viajou o mundo atrás de referências dos lugares mais exóticos e dos recantos mais badalados do planeta, sem perder seu ponto de partida: a natureza e o artesanal.

Outros desafios se seguiram. Era fato que carioca só comprava moda praia no verão, mas a loja precisava se manter o ano todo. Aos poucos, a empresária introduziu uma variedade de malhas, bolsas, calçados, bijuterias e uma pequena coleção de roupas para o pós-praia, como calças, *chemises* em seda, cangas, saias, vestidos e casaquinhos, em tecidos leves e com as mesmas estampas dos biquínis e maiôs, que, além de oferecer praticidade, diluíam o custo final da estamparia.

O PRIMEIRO DESFILE

Foi no Palácio da Cidade, no Rio de Janeiro, que aconteceu o primeiro desfile da marca, durante a Semana Barrashopping de Estilo, em 1996, com a colaboração de Paulo Ramalho. Lenny conta que ainda se pareciam com os desfiles antigos, com participação de crianças e pouca cenografia. O maior desafio foi encontrar uma modelo conhecida para imprimir uma identidade ao desfile e garantir o interesse da mídia. Sem verba, Lenny não via saída, até que uma amiga entrou em contato com Carolina Ferraz, que, generosa e fã da grife, desfilou sem cobrar cachê.

Lenny não parou mais. Participou dos principais desfiles no Rio de Janeiro. Acompanhou a profissionalização das semanas de moda, da Semana Leslie de Estilo ao Fashion Rio. Em 2002, desfilou em São Paulo, mas a experiência não foi boa. A temporada de desfiles acontecia muito antecipadamente, houve confusão, e os desfiles atrasaram mais de duas horas porque o Juizado de Menores proibiu os modelos de entrar na passarela. Foi um trauma. Nunca mais saiu do Rio.

Com participação ativa na semana de desfiles carioca, Lenny passaria pelo próximo desafio. Desenvolver uma coleção não significava apenas misturar modelagens com estampas e cores, era preciso contar uma história diferente em cada desfile. Ela leva referências de um desfile para o outro, criando uma homogeneidade na imagem, cada tema passou a trazer uma coerência para sua marca e a mudar a cara de suas lojas.

Em 2001, na Semana Barrashopping, o desfile dirigido por Giorgio Knapp chamou a atenção. Além das dez palmeiras imperiais colocadas numa tenda, a modelo Alessandra Ambrósio desfilou com um cacho de flor de jade no cabelo, pesando seis quilos, que refletia uma belíssima luz azul por toda a tenda. Foi uma das imagens mais marcantes de toda a temporada.

Com o aumento de patrocínios e investimentos, seus desfiles se sofisticaram e passaram a contar também com modelos internacionais, como a inglesa Naomi Campbell.

Algumas das coleções mais marcantes de Lenny têm inspiração em viagens a lugares românticos e exóticos. A de verão 1999/2000, inspirada num colete indiano bordado com espelhos, teve formas geométricas, decotes retos e listras artesanais. Na estamparia, temas ecléticos como os clássicos hibiscos havaianos e as paisagens de Matisse.

Em 2000, Lenny Niemeyer atingiu a marca de 25 mil peças vendidas por mês, sem contar os acessórios. Sua coleção dessa época propunha uma viagem para a África, em tons de bege, oliva, rosa e azul-hortência. Nela, tramas naturais como o cânhamo se misturavam à *lycra* e a aplicações artesanais em sândalo, miçangas, chifre e osso.

De todas as coleções, a predileta de Lenny é a verão 2000/01, das palmeiras imperiais e do cacho de flor de jade, conhecida como "O diário de bordo de Lenny Niemeyer". Miscelânea de idéias que colheu ao longo dos lugares por onde passou, a coleção tinha inspirações nas savanas africanas, no sul da Bahia, em Belém do Pará, na Índia e no Taiti. Entre os motivos adotados para as estampas Lenny incluiu uma homenagem ao Rio de Janeiro, que tão bem a acolheu. Nelas, estava o colorido da baía de Guanabara do século XIX de Nicolas-Antoine Taunay (1755-1830).

Em 2002 Lenny sentiu que era hora de parar de viajar. Voltou o olhar para a transformação da mulher pelos quatro elementos da natureza: ar, água, fogo e terra. Na coleção 2002/03, conseguiu ampliar a fonte de inspiração e atingir mulheres diferentes: a de ar, etérea e fluida, envolta em organzas amassadas e tules de seda *off-white*, é diferente da mulher de água, uma apaixonada por tons de azul, estampas de peixe e tecidos pintados à mão. A do elemento terra firma-se em tonalidades como verde e marrom, flores desfiadas em organza e orquídeas selvagens. A mulher de fogo, explosiva, brilha com minúsculas placas recortadas no cobre e pinceladas metálicas sobre a *lycra* e o *chamois*.

Apesar de desfilar apenas nas temporadas das coleções verão, em junho, ela introduz uma coleção de inverno, menor. A empresária investe em modelos de alta tecnologia, como a *lycra* sem costura e o uso de um tecido mais fino e maleável.

Nessa trajetória a estilista segue conquistando fãs. "Lenny é uma das estrelas na especialidade. Domina com bom gosto a estamparia, impõe coloridos inusitados e convence pelo luxo *cool* de suas peças, que redimem o estilo das mulheres sofisticadas, que não se contentam com microbiquínis e se recusam a adotar modelos rebuscados, exagerados", diz a jornalista Iesa Rodrigues.

AMPLIANDO OS DOMÍNIOS

Em 1994, um ano depois da inauguração de sua primeira loja em Ipanema, Lenny já tinha aberto lojas nos shoppings São Conrado Fashion Mall e Rio Sul, em Botafogo. A partir daí ampliou rapidamente seus domínios, abrindo lojas, uma por ano, em Búzios, Angra dos Reis, Arraial d'Ajuda, Trancoso, São Paulo e Belo Horizonte. Hoje são dezoito lojas espalhadas pelo Brasil. A fábrica está em Botafogo, em um prédio comercial na movimentada rua São Clemente. No exterior seus produtos são encontrados em seu *showroom* em Portugal e em lojas de departamentos e multimarcas em países como França, Inglaterra, Estados Unidos, República Dominicana, África do Sul, Argentina, Venezuela, Canadá, Grécia, Espanha e China. Para cada país Lenny criou uma modelagem, seguindo o corpo das mulheres locais, com estampas exclusivas em cada coleção.

Aqueles que acompanham a carreira de Lenny Niemeyer são unânimes em afirmar que, se existisse alta-costura na moda praia, ela seria a rainha absoluta. O corte e o acabamento são impecáveis, as estampas são sofisticadas e criativas, e sua inspiração na natureza e no artesanato dos quatro cantos do mundo torna cada coleção ímpar. Os biquínis e maiôs preferidos das mulheres mais elegantes do Brasil são criações de uma paulista inspirada em consumidoras paulistanas. Pura ironia.

NOTAS

1 James Laver, *Taste and Fashion: from the French revolution to the present day*. Londres: Thames and Hudson, 1948.

2 Feruccia Cappi Bentivegna "Storia del costume da bagno". *Revista L'Illustrazionne*, Milão, 1948

3 *O museu vai à praia: moda e cultura*. Rio de Janeiro: Centro Cultural Banco do Brasil, 1995, p. 35.

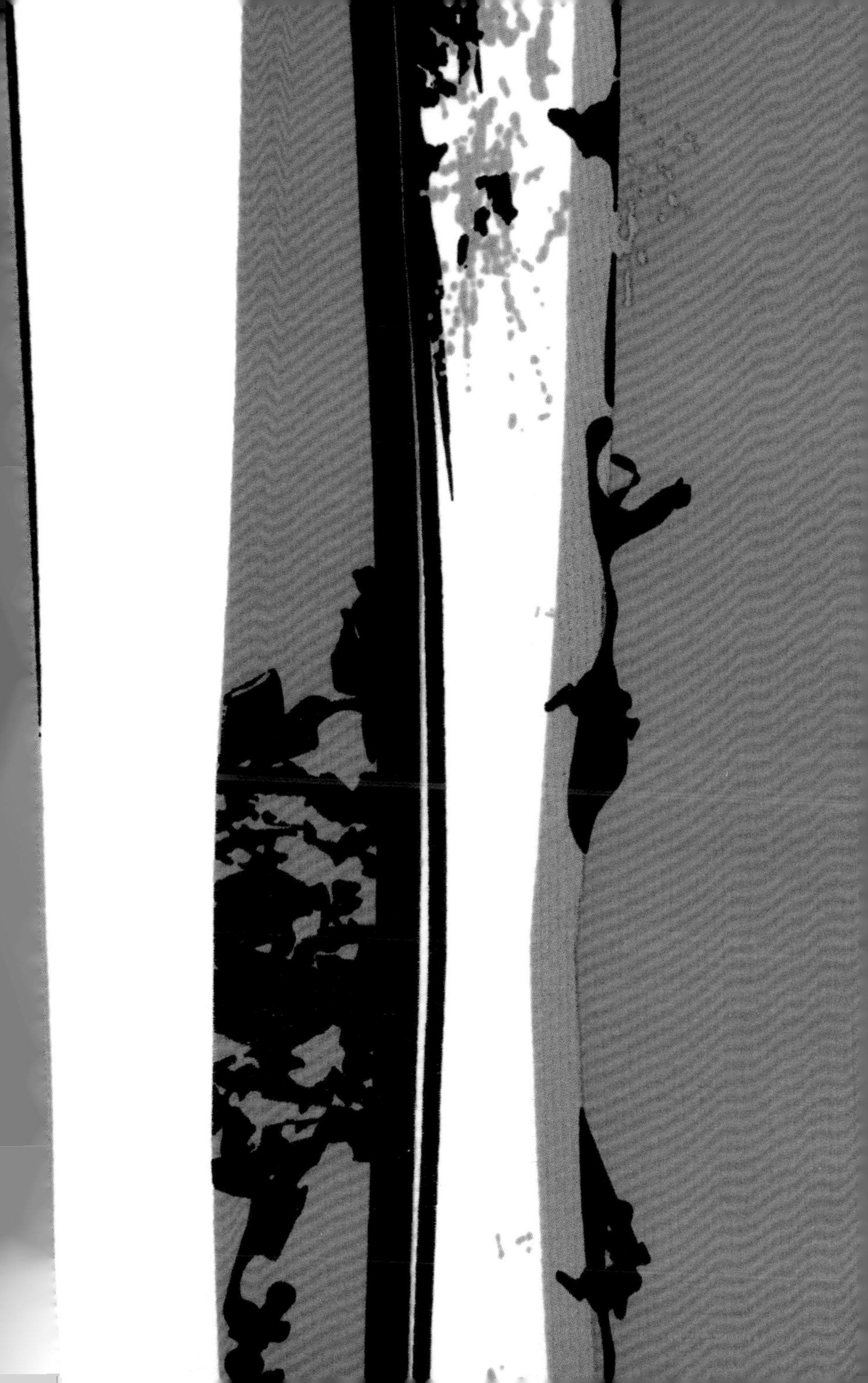

A coleção verão 2007/08 é inspirada na arte e na arquitetura moderna. O azulejo, principal elemento de criação, aparece nas estampas e aplicado sobre a *lycra*.

A coleção verão 2006/07 é inspirada na botânica brasileira e nos desenhos de Burle Marx. Os plissados das palmeiras em leque, os círculos das vitórias-régias, os verdes e azuis profundos das florestas, o laranja das flores tropicais.

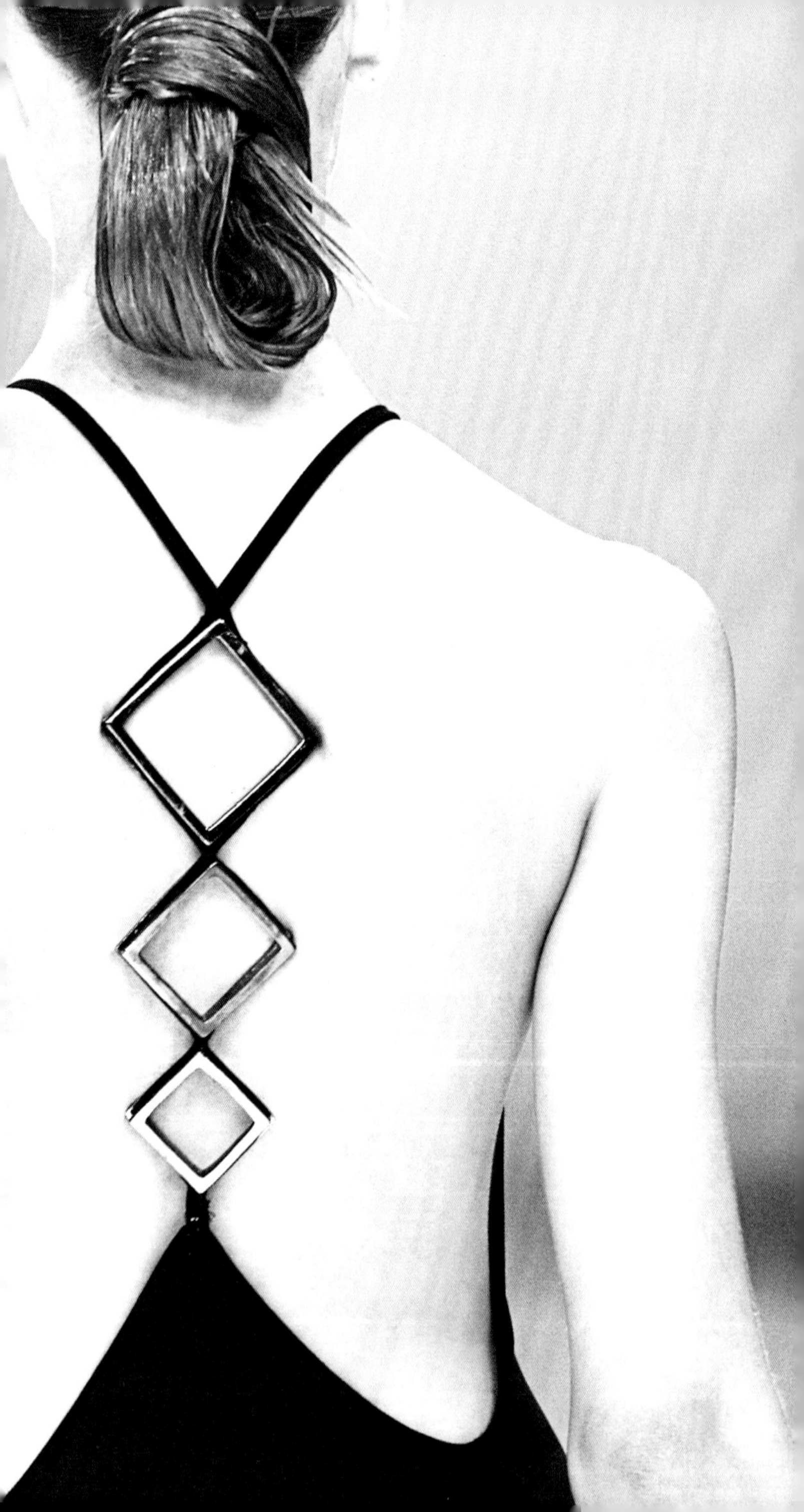

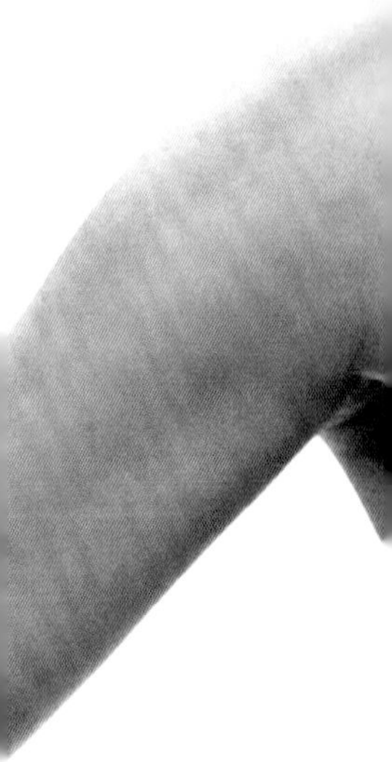

A coleção verão 2005/06, tem estampas étnicas, formas simples e detalhes elaborados com cordões forrados e grossas argolas em dourado fosco.

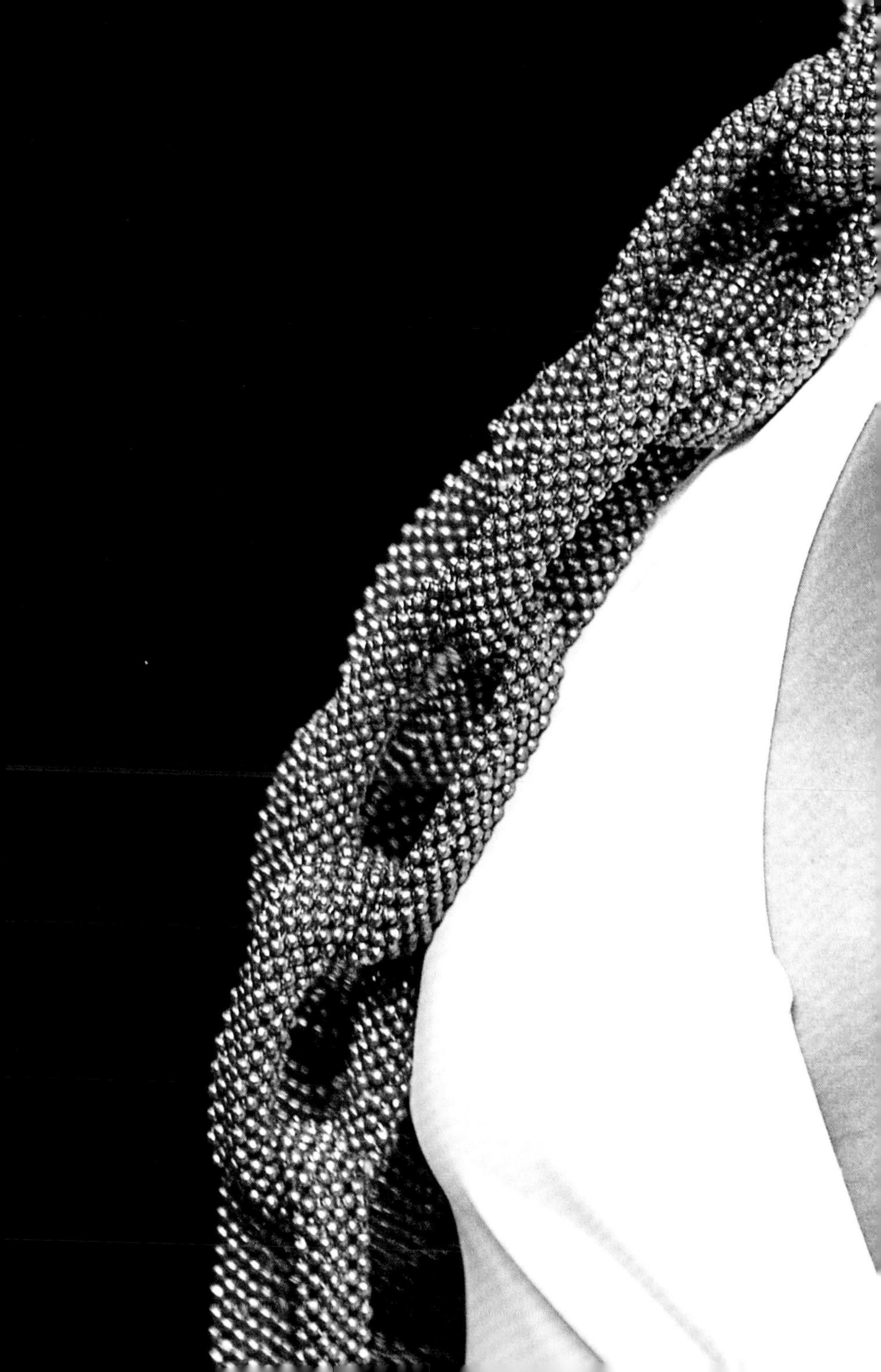

A coleção verão 2004/05 é inspirada no Taiti e no pintor Paul Gauguin, com paisagens litorâneas pintadas à mão em seda e *lycra*. Os tecidos com transparência e as rendas bordadas em tules de algodão misturam-se a materiais tinturados pelos nativos da ilha.

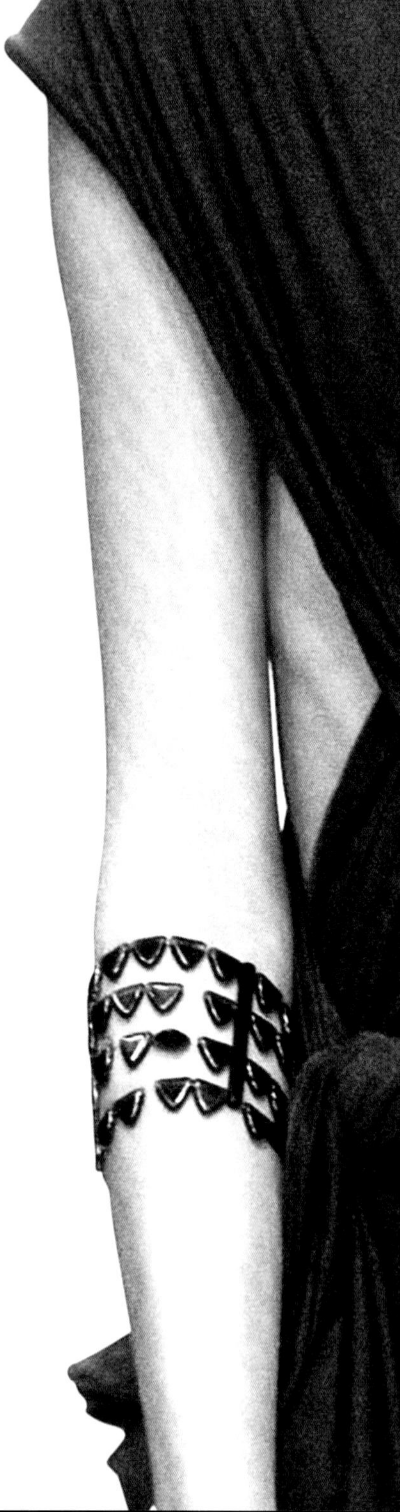

coleção MODA BRASILEIRA

Os dez títulos desta coleção contemplam nomes já consagrados que contribuíram individualmente para a consolidação da moda no país.

Cada volume reúne prefácio, ensaio crítico, cronologia e uma farta documentação fotográfica que pretende oferecer a estudantes, profissionais da área e interessados em geral, uma visão panorâmica do universo do estilista.

Ainda que em caráter introdutório, a coleção fornece, em seu conjunto, uma perspectiva histórica da moda brasileira a partir dos anos 1950, registrando de forma breve e pontual os principais fotógrafos, modelos, cursos, entidades e eventos da área nas últimas décadas.

1 Alexandre Herchcovitch
2 Gloria Coelho
3 Lino Villaventura
4 Ronaldo Fraga
5 Walter Rodrigues
6 André Lima
7 Clô Orozco
8 Lenny Niemeyer
9 Marcelo Sommer
10 Reinaldo Lourenço

fonte WHITNEY papel COUCHÉ FOSCO tiragem 5.000
digitalização de imagens IPSIS tratamento de imagens PHOTATO
impressão KOMORI 8 CORES REVERSÍVEL, 200 LINHAS/PL^2 — GEOGRÁFICA

IMAGEM DA CAPA David Prichard, 2002

coleção MODA BRASILEIRA

organização JOÃO RODOLFO QUEIROZ, REINALDO BOTELHO;
coordenação editorial MARIANA LANARI; editor assistente CAUÊ VM
preparação TEREZA GOUVEIA; revisão REGINA PEREIRA
projeto gráfico da coleção ELAINE RAMOS;
projeto gráfico deste volume MARIANA BERND;
produção gráfica LETÍCIA MENDES

Dados Internacionais de Catalogação na Publicação (CIP)
(Câmara Brasileira do Livro, SP, Brasil)

Lenny Niemeyer
São Paulo: Cosac Naify, 2008.
160 pp., 76 ilust.

coleção Moda Brasileira ISBN 978-85-7503-669-3
ISBN 978-85-7503-613-6

1. Estilistas de moda - Brasil 2. Moda - Brasil
3. Niemeyer, Lenny I. Série.

08-05164 CDD 746.92092

Índices para catálogo sistemático:
1. Estilistas brasileiros de moda: Artes 746.92092
2. Moda: Estilistas brasileiros: Artes 746.92092

COSAC NAIFY
Rua General Jardim, 770, 2º andar
01223-010 São Paulo SP
Tel [55 11] 3218 1444
Fax [55 11] 3257 8164
www.cosacnaify.com.br

Atendimento ao professor
[55 11] 3218 1473

PATROCÍNIO

CRÉDITOS DAS IMAGENS

FOTÓGRAFOS ©Agência Fotosite pp. 36-9, 51, 56, 96-7, 109, 111, 122, 124-5; Arquivo Pessoal pp. 118, 121, 129-30, 133-5, 143, 152; Charles Naseh pp. 59, 64-5, 68-9, 71-3, 93; Corbis Latinstock p. 12; David Prichard pp. 01-6, 126-7, 136-41, 144-5; Emmanuelle Bernard p. 153; Marcia Fasoli pp. 43, 49, 55, 62, 66-7, 76-7, 79, 82-4, 86-7, 89, 94, 99, 100-3, 112-3, 154; Michael Roberts pp. 40-1, 44-7; Murillo Meirelles pp. 80, 85; Pablo Peinado pp. 10-1, 34-5, 42, 52-3, 60-1, 70, 74-5, 81, 90-1, 98, 104-5, 116-7, 123, 156-7; Soren Mork pp. 106-7, 114.

MODELOS Ana Beatriz Barros p. 36a, 84, 118; Ana Claudia Michels p. 133; Ana Hickmann pp. 94, 113, 122; Camila Espinosa pp. 134-5; Carmelita Mendes p. 62; Devon Aoki p. 130; Elisa Joenck p. 43; Ellen Jabour p. 06; Guisela Rhein pp. 38, 41, 44-7; Izabel Goulart p. 36b; Isabeli Fontana p.89; Ives Kolling p. 39; Letícia Birkheuer pp. 37, 59, 99, 143; Mariana Marcki pp. 107, 114; Michelle Alves pp. 55, 67; Naomi Campbell pp. 124-5; Raica Oliveira pp. 80, 121; Rojane p. 51a; Samira p. 51b; Simone Marcki p. 93; Solange Wilvert p. 71; Thais Monteiro p. 49; Vanessa Nunes p. 153.

AGRADECIMENTOS 40 graus, Agência Fotosite, Augusto Mariotti, Blue Models, Cláudio Parreiras, Charles Naseh, Ego, Elite Models, Esquimó, Ford Models, L'Equipe Agence, Luiza Pinho, Lumière, Marcos Costa, Mega Models, Pablo Peinado, Paulo Weisberg, Roberta Marzolla, Ten Models, Thelma Vilas Boas, Viva Models, Wagner Fernandes, Way Models.

A coleção verão 2003/04
tem estilo náutico. Ilhoses e
ferragens ao lado de cores
suaves. Peças com recortes e
drapeados, estampa de carpas
e grandes espinhas de peixe
em metal prateado.

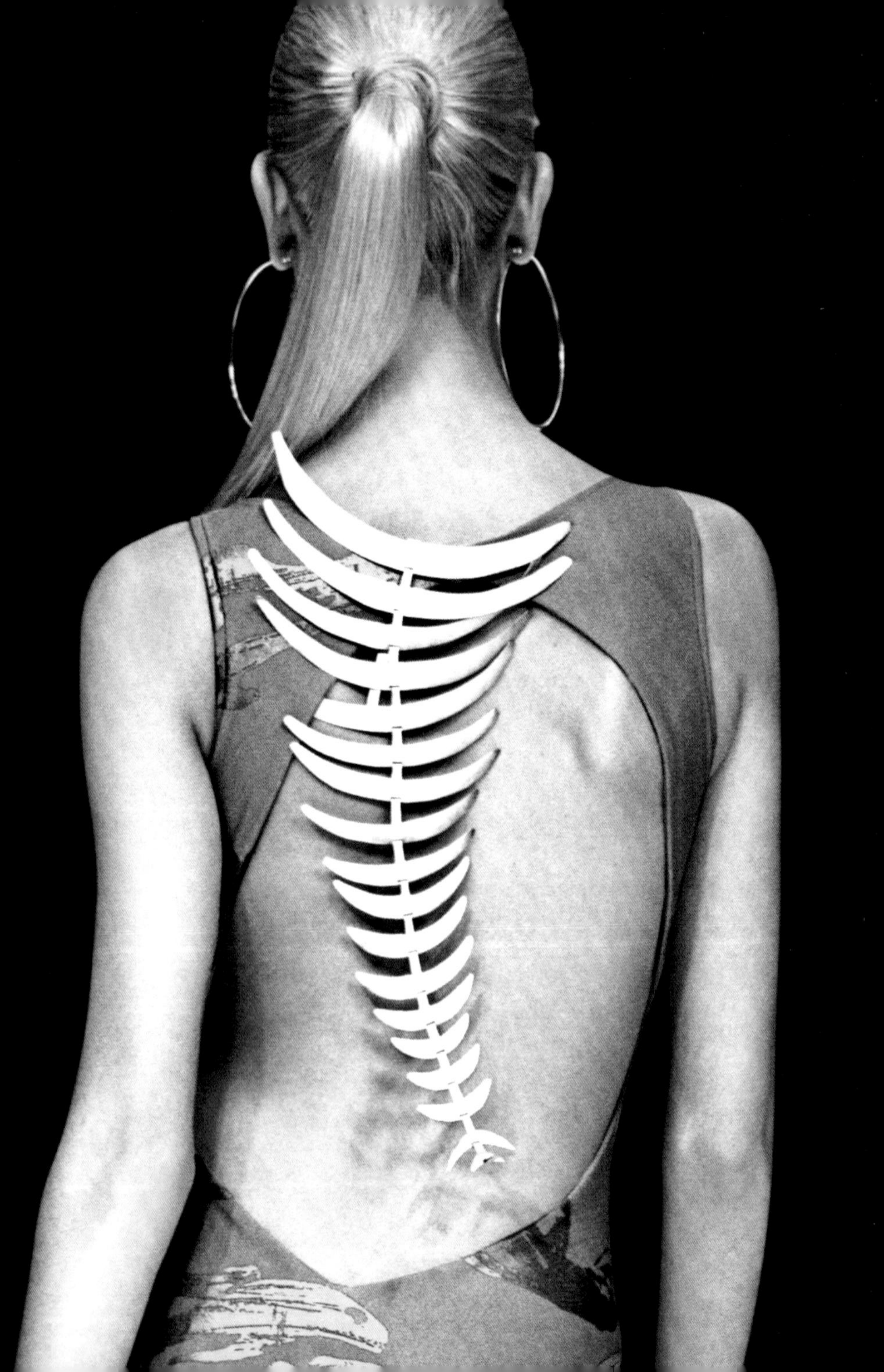

Na coleção verão 2002/03, estampas florais e de paisagens litorâneas; tops construídos com grandes botões; maiôs com recortes e aplicação de pétalas de organza.

A coleção verão 2001/02 relaciona a mulher aos quatro elementos da natureza. Texturas de silicone representam a água, flores de seda, a terra; paetês de cobre, o fogo; fios de palha, o ar.

O verão 2001 é "O diário de bordo de Lenny". O horizonte das savanas africanas, as conchas do mar, os tons terrosos do sul da Bahia, a trama dos teares de seda indianos.

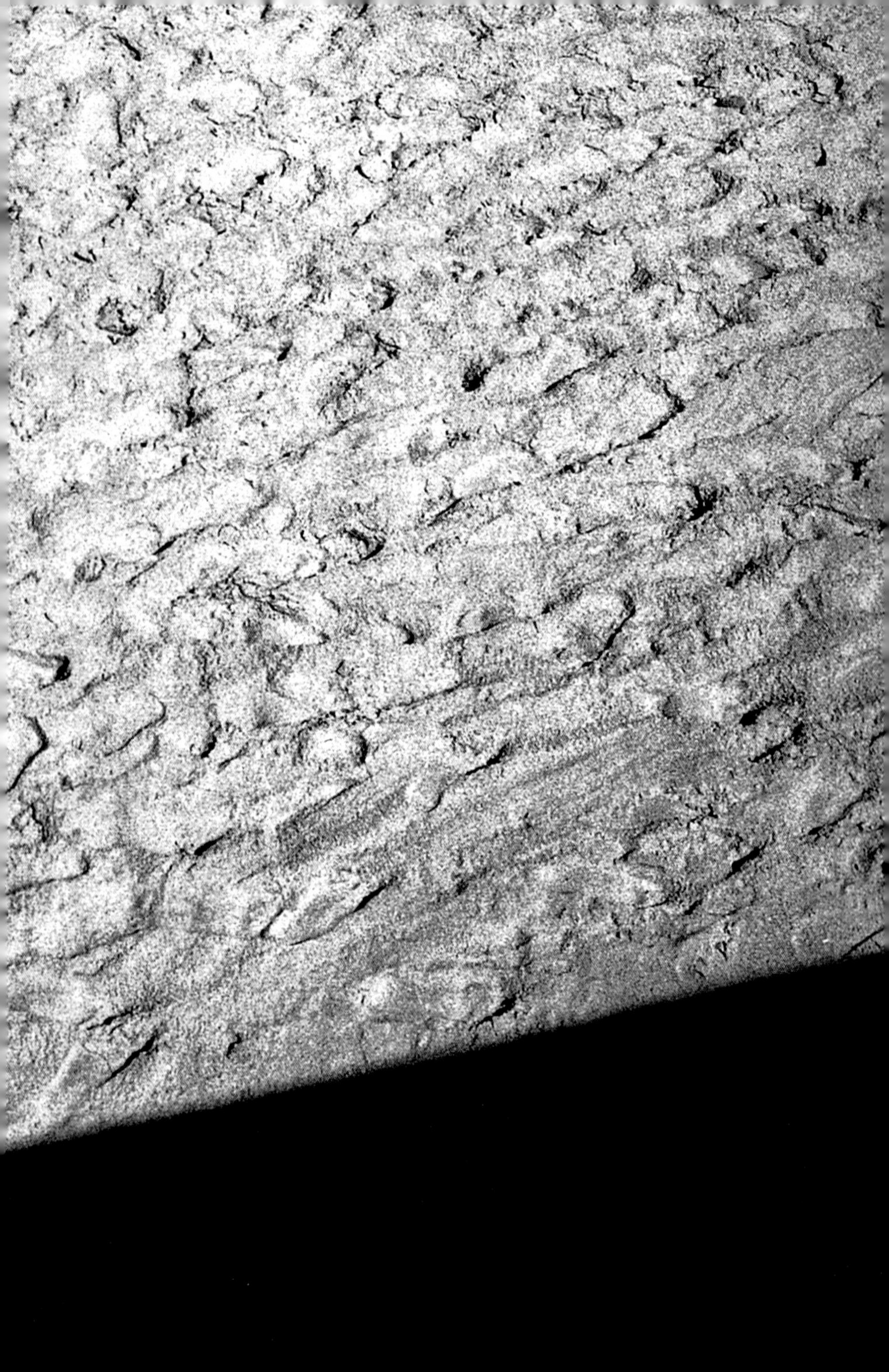

1952 Maria Helena Ortiz nasce em Santos (SP), em 9 de janeiro. Filha de Odette Harris Ortiz e Waldemar de Paula Ramos Ortiz, irmã de Maria de Lourdes. Seu pai era fazendeiro e dono de uma vasta biblioteca, com mais de 20 mil livros sobre o Brasil.

1955 A Rhodia lança o náilon e passa a fabricar fios sintéticos no Brasil.

1957 Fundação da Associação Têxtil do Estado de São Paulo. O estilista Dener Pamplona de Abreu inaugura, na praça da República, em São Paulo, seu primeiro ateliê. Lançamento da revista feminina *Jóia*. Faz o primário no colégio de freiras Stella Maris, em Santos.

1958 Primeira edição da Feira Internacional da Indústria Têxtil (FENIT), primeiro salão de moda a reunir matéria-prima, maquinário e vestuário, assinalando o amadurecimento do setor têxtil. A tecelagem Matarazzo-Boussac cria o Festival da Moda Brasileira. São oferecidos os prêmios Agulha de Platina e Agulha de Ouro aos melhores costureiros e Sapatinho de Ouro à melhor manequim. As amigas Lucia Piva de Albuquerque e Lourdes Aranha dos Santos fundam a loja de moda feminina Daslu. Otto Stupakoff começa a fotografar para a Rhodia.

1959 Lançamento da revista *Manequim*, da editora Abril. É a primeira revista dedicada exclusivamente à moda no Brasil.

1961 Lançamento da revista *Claudia*, da editora Abril.

1962 Emilio Pucci, Ugo Castellana e Valentino participam da FENIT e apresentam modelos no Copacabana Palace, no Rio de Janeiro.

1963 Dener apresenta coleção *prêt-à-porter* no evento Moda Brasileira,

em Roma, promovido pela Rhodia, pelo Instituto Brasileiro do Café e pela revista *Manchete*. Aos dezessete anos, Mila Moreira é contratada como modelo pela Rhodia.

1965 Lenny muda-se para São Paulo com a família. Cursa o colegial no Des Oiseaux.

1966 José Luiz Itajahy cria a loja Bibba-Ipanema, no Rio de Janeiro, agitando o mercado nacional de *prêt-à-porter* com sua moda contemporânea ao estilo da Carnaby Street, em Londres.

1967 Eugenie Jeanne Villien introduz a disciplina de desenho de moda nos cursos superiores de desenho e artes plásticas na Faculdade Santa Marcelina, em São Paulo. Pierre Cardin vem ao Brasil apresentar modelos na FENIT.

1969 Lançamento da revista *Desfile*, da Bloch Editores, substituindo a revista *Jóia*. A Rhodia comemora 50 anos no Brasil e apresenta seu maior desfile, *Stravaganza*, na FENIT.

Cursa a faculdade de artes plásticas na FAAP. Especializa-se em desenho industrial. Entre seus colegas está o arquiteto Sig Bergamin.

1970 É criada a Associação Brasileira da Indústria Têxtil e de Confecção (ABIT). Lívio Rangan cria o Clube Um, reunindo um grupo de dez tecelagens e vinte confecções. Por meio de uma grande campanha publicitária, o grupo reinventa a moda masculina no Brasil. Monique Evans começa a desfilar aos catorze anos para a Socila, escola de etiqueta social que instruiu muitas modelos cariocas.

1971 Zuzu Angel apresenta desfile protesto no consulado do Brasil em Nova York. Inaugurada nova sede da tecelagem Santaconstancia, em São Paulo.

Lenny começa a trabalhar na Veplan Residência, escritório de arquitetura de Arnaldo Conceição Paiva, amigo de seu pai.

1972 Paco Rabanne mostra coleção de laminados e acrílicos na FENIT. As empresas da indústria têxtil formam o Consórcio de Moda Brasileira, em São Paulo, com a intenção de organizar eventos de moda. Dener lança sua autobiografia *Dener, o luxo*, pela editora Laudes.

1973 A editora Abril lança a revista *Nova*, edição brasileira da *Cosmopolitan*.

1975 É criado o grupo Moda Rio, primeiro núcleo organizado de estilistas com o objetivo de divulgar a moda do Rio de Janeiro. Lançamento da edição brasileira da revista *Vogue*, pela Carta Editorial. Regina Guerreiro é a editora. Fernando Louza começa a fotografar os desfiles europeus para a editora Abril.

Trabalha em uma empresa de engenharia durante o dia e à noite faz os desenhos arquitetônicos dos projetos da paisagista Xinha D'Orey.

1976 Associa-se a Xinha D'Orey.

1979 Criação do grupo Coordenação Industrial Têxtil, responsável por identificar tendências de estilo e desenvolver cartelas de cores. A convite da Rhodia, Marie Rucki, diretora do Studio Berçot de Paris, passa a vir anualmente a São Paulo ministrar cursos de estilo.

Casa-se com o neurocirurgião Paulo Niemeyer Filho e muda-se para o Rio de Janeiro. Nessa época, a moda no Rio era bem diferente da de São Paulo. Suas amigas querem comprar biquínis, mas não tão pequenos quanto os vendidos no Rio. Lenny descostura um biquíni e reproduz a modelagem com alguns ajustes. Essa coleção experimental faz sucesso em São Paulo, graças à amiga Maizinha Rocha Leite, que vende as peças em sua própria casa.

1980 É formado o Núcleo Paulista de Moda, do qual fazem parte Alcides, Armazém, Companhia Ilimitada, G. Confecções, Huis Clos, Le Truc, Rose Benedetti, Zoomp, entre outros.

Desenha coleções completas com o perfil de marcas que não têm produção própria de trajes de banho. Vende trezentos biquínis para a Fiorucci. Daslu e Krishna também passam a ser suas clientes.

1981 Betty Prado ganha o concurso Face of the 80's (atual Supermodel of the World), promovido pela Ford Models.

Nasce o primeiro filho, Paulo Niemeyer Neto. Lenny monta uma pequena fábrica na garagem de sua casa. Em vez de desenhar, a estilista cria as peças no manequim e produz em fábricas no subúrbio do Rio. Cria sua primeira estampa exclusiva.

1982 Lançamento da revista *Claudia Moda*, da editora Abril, que tem Costanza Pascolato como editora. É formado o Grupo Mineiro de Moda, composto por Artimanha, Art-Man, Patachou, Renato Loureiro, entre outros. É fundada a escola de corte e costura Sigbol, em São Paulo, que ampliou seus cursos e hoje usa o nome Sigbol Fashion.

1984 Elisabeth Senneville, Jean Paul Gaultier e Thierry Mugler apresentam suas coleções em São Paulo a convite da indústria de calçados Grendene.

Uma inundação em sua casa destrói toda a produção, moldes, embalagens e a única máquina de costura. Monta uma nova fábrica em um galpão em Jacaré, no subúrbio do Rio de Janeiro. Para pagar o aluguel do espaço, decide investir, aumentando a produção e conquistando novos clientes.

1985 Bob Wolfenson passa a fotografar editoriais de moda para a *Vogue*.

Nasce sua filha Isabel Ortiz Niemeyer. Sua fábrica é assaltada, as trinta máquinas de costura são roubadas, sobram apenas os tecidos. Aluga máquinas para continuar a produzir e incorpora o galpão anexo para ampliar a empresa.

1986 É formado o Grupo São Paulo de Moda, com as marcas Forum, Tráfico, T. Macchione, Tweed, além de parte do extinto Núcleo Paulista de Moda. É criada a Cooperativa de Moda de São Paulo, que reúne Conrado Segreto, Flávia Fiorillo, Jum Nakao, Maira Himmelstein, Marjorie Gueller, Silvie LeBlanc, Taisa Borges e Walter Rodrigues.
1987 É criado o primeiro curso de graduação em moda na Faculdade Santa Marcelina, em São Paulo. Fundação da agência de modelos Class.
1988 Lançamento da edição brasileira da revista *Elle*.
1989 Parte da produção começa a ser exportada por meio de compradores estrangeiros. Atenta ao mercado externo, Lenny cria modelagem diferenciada dos biquínis nacionais, exclusiva para exportação.
1990 A Universidade Anhembi Morumbi, de São Paulo, cria o curso superior negócios da moda. Lançamento da edição brasileira de *Marie Claire*, da editora Globo, substituindo a revista *Moda Brasil*.
Com o Plano Collor, as vendas diminuem, muitos pedidos são cancelados. Lenny pede concordata e vende suas *lycras* estampadas para um atacadista em troca de mais tecido. Recupera-se aos poucos.
1991 A Universidade Paulista lança o terceiro curso superior de moda no Brasil.
1992 Acontece a Semana Leslie de Estilo (atual Fashion Rio), no Rio de Janeiro, comandada por Eloysa Simão. Erika Palomino passa a escrever a coluna Noite Ilustrada, no jornal *Folha de S.Paulo*.
1993 É criado o curso de moda na Universidade de Caxias do Sul, no Rio Grande do Sul. Fundação do Instituto Zuzu Angel, no Rio de Janeiro, entidade civil sem fins lucrativos, que atualmente oferece cursos de moda em parceria com a Universidade Estácio de Sá, além de possuir vasto acervo de roupas de estilistas brasileiros e internacionais.
Inaugura a primeira loja própria, na galeria Fórum de Ipanema. Dois meses depois, abre a segunda, no Fashion Mall. Lenny passa a produzir

acessórios e peças "pós-praia" camisas em seda e vestidos *chemise*, otimizando o uso de suas estampas.

1994 O Senac São Paulo assina convênio com a escola de moda francesa Esmod e lança, em 1995, os cursos de estilismo e modelagem. É criado o curso de moda na Universidade Federal do Ceará, em Fortaleza. Primeiro Phytoervas Fashion, em São Paulo, evento criado por Paulo Borges e Cristiana Arcangeli, com duas edições anuais até 1998, quando a marca foi vendida para um laboratório americano. Beto Lago e Jair Mercancini criam o Mercado Mundo Mix, espaço para a moda *underground* brasileira.

Abre loja em Porto Seguro. Ganha o prêmio Destaque do Comércio Exterior.

1995 É criado o curso de moda na Universidade Veiga de Almeida, no Rio de Janeiro. Gui Paganini passa a fotografar editoriais de moda para a revista *Elle*.

1996 É criado o curso de moda na Universidade Estadual de Santa Catarina, em Florianópolis. Primeira edição do Morumbi Fashion Brasil, em São Paulo. Durante sessão de fotos, Shirley Mallmann conhece a fotógrafa alemã Ellen von Unwerth e inicia sua ascensão internacional.

Apresenta coleção de verão 1996/97 na Semana Barrashopping de Estilo. O desfile acontece no Palácio da Cidade. A atriz Carolina Ferraz é a principal atração na passarela.

1997 Primeira edição da Semana de Moda, atual Casa de Criadores. O evento, criado por André Hidalgo, reúne jovens estilistas em São Paulo. A galeria Ouro Fino, na rua Augusta, em São Paulo, torna-se um centro de moda independente. Nas lojas são vendidas roupas de Alexandre Herchcovitch, Escola de Divinos, Hell's Club, A Mulher do Padre, Slam, Sommer, entre outros. São criados os cursos de moda na Universidade Estadual de Londrina e na Universidade Tuiuti, ambas no Paraná, e na Universidade Regional de Blumenau, em Santa Catarina.

Começa a exportar para os Estados Unidos. Ganha o prêmio Rio Sul de Moda.

1998 É criado o Centro de Educação em Moda do Senac, em São Paulo.

Abre a primeira loja em São Paulo, na Vila Nova Conceição, e uma ponta de estoque. Ganha, pela segunda vez, o prêmio Rio Sul de Moda.

1999 É criada a Associação Brasileira de Agências de Modelos. Gisele Bündchen recebe o prêmio de melhor modelo do ano no Vogue Fashion Awards.

Em maio fecha a fábrica de Jacaré e muda-se para Botafogo, com melhor infra-estrutura, reunindo todos os departamentos da empresa no mesmo lugar. Abre loja na Gávea, no Rio de Janeiro, e duas lojas em São Paulo, nos shoppings Iguatemi e Higienópolis. Gisele Bündchen participa de seu desfile na Semana Barrashopping de Estilo.

2000 A marca catarinense Colcci é adquirida pelo grupo Menegotti, atual AMC Têxil. É o início da criação de conglomerados de grifes no Brasil. Lilian Pacce passa a comandar o programa televisivo GNT *Fashion.*

Cria *tops* com material desenvolvido a partir do invólucro das sementes e frutos da palmeira ubuçu. A fibra, popularmente conhecida por tururi, quando fervida e amaciada forma uma trama transparente que em seguida é tingida e recebe aplicação de silicone.

2001 Décima edição do Morumbi Fashion Brasil, quando passa a se chamar São Paulo Fashion Week (SPFW). Primeiro Amni Hot Spot na Casa Rhodia, em São Paulo, evento que incentiva novos talentos da moda. É criado o Instituto Brasileiro de Moda, instituição voltada exclusivamente à área de negócios da moda.

Abre loja em Búzios e Belo Horizonte. Desfila uma única coleção no SPFW. Ganha o prêmio Rio Export da Federação das Indústrias do Rio de Janeiro.

2002 Na coleção verão 2002/03 Lenny apresenta peças bordadas com centenas de botões de tartaruga e de jade, canutilhos e contas em diversos tons de dourado e cobre.

2003 É criada a Associação Brasileira de Estilistas. Primeira edição do festival Filme Fashion, idealizado por Alexandra Farah. Primeira edição do Floripa Donna Fashion, em Santa Catarina. O evento reúne desfiles de marcas catarinenses e de grandes grifes brasileiras.

Abre loja em Angra dos Reis.

2004 Abre mais duas lojas no Rio de Janeiro, a segunda em Belo Horizonte

e uma em Brasília. Desfila a coleção verão 2004/05 no Fashion Rio, inspirada no Taiti.

2005 Lenny é a única marca carioca que participa da exposição *Fashion Passion — 100 anos de moda*, na Oca, em São Paulo. Passa a ter um distribuidor em Portugal. Apresenta a coleção 2005/06 com estilo étnico. As peças têm aplicações de crochê, grossas argolas em dourado fosco e cordões forrados.

2006 A coleção verão 2006/07 é inspirada no arquiteto e paisagista Burle Marx, com mistura de formas geométricas e orgânicas.

2007 Em junho acontece a décima edição do Fashion Business, no Rio de Janeiro, feira de negócios paralela ao Fashion Rio, que reúne grandes marcas, pólos de moda e designers.

Abre loja nos Jardins, em São Paulo. Ganha o Prêmio Mulheres Influentes, destaque da moda, oferecido pelos jornais *Gazeta Mercantil* e *Jornal do Brasil*. A coleção verão 2007/08 é uma das mais elogiadas pela crítica. O tema é a arte e a arquitetura moderna, com estampas inspiradas em Alexander Calder, Antoni Gaudí, Joan Miró e Oscar Niemeyer. As peças com aplicação de azulejos foram desenvolvidas com a consultoria da artista plástica Adriana Varejão.

2008 Atualmente produz 20 mil peças por mês com o auxílio de 140 funcionários. Possui 16 lojas no Brasil e vende também em 150 multimarcas. Exporta para 22 países e está em lojas como Bloomingdale's, em Nova York, Harrods, em Londres, e Au Bon Marché, em Paris.